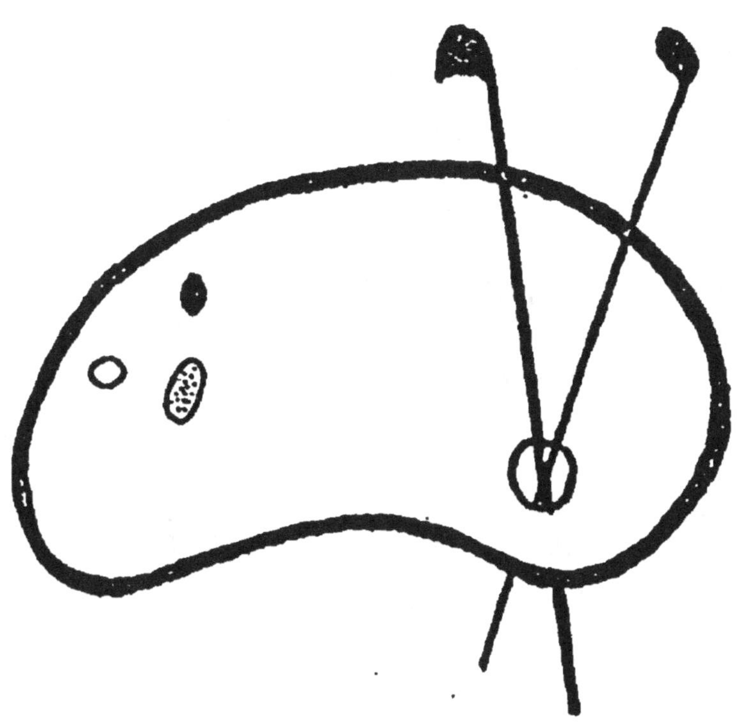

DEBUT D'UNE SERIE DE DOCUMENTS
EN COULEUR

LA PATRIE FRANÇAISE

DEUX
DISCOURS-PROGRAMMES

DE

M. JULES LEMAITRE

Président de la *Patrie Française*

ET DE

M. GODEFROY CAVAIGNAC

DÉPUTÉ

Ancien Ministre de la Guerre

Prix : 25 centimes.

PARIS

AUX DE LA « PATRIE FRANÇAISE »

15, rue d'Argenteuil, 15

(1er arr¹)

ANNALES
DE LA
Patrie Française

REVUE BIMENSUELLE POLITIQUE ET LITTÉRAIRE

Prix de l'Abonnement :

Paris et Province : Un an 6 fr. Étranger (Union Postale) 7 fr. 50

Le numéro : 25 centimes.

RÉDACTION ET ADMINISTRATION

198, rue de Rivoli (*en face des Tuileries*), Paris
Téléphone 295-71

Les bureaux sont ouverts tous les jours de 9 h. à midi et de 2 à 6 h.
On s'abonne à partir du 1er et du 15 de chaque mois

PRINCIPAUX COLLABORATEURS

FRANÇOIS COPPÉE, JULES LEMAITRE,
HENRI LAVEDAN, ALBERT VANDAL, HENRY HOUSSAYE,
de l'Académie française.
GYP, Mme ALPHONSE DAUDET, Mlle MARIE-ANNE DE ROVET,
MAURICE BARRÈS, GABRIEL SYVETON, LOUIS DAUSSET,
GODEFROY CAVAIGNAC, DE MARCÈRE, MISTRAL,
MARCEL DUBOIS, FÉLIX JEANTET, LÉON DAUDET,
MAURICE TALMEYR, GEORGES THIÉBAUD, LONGNON,
L. DE CONTENSON, GEORGES BONNAMOUR, JACQUES DU TILLET,
JACQUES NORMAND, JEAN FORCADE, ANDRÉ CHÉRADAME,
E. DE RANCOURT, GROSCLAUDE, WILLY, GEORGES GROSJEAN,
JACQUES FERNY, JEAN GOUDEZKI, L. DE MONTESQUIOU,
LÉON FATOUX, GABRIEL AUBRAY, EMMANUEL DES ESSARTS,
PIERRE NOILHAN, JULES DOMERGUE, H. VAUGEOIS,
GEORGES BEAUME, CLAUDE COUTURIER, THÉODORE BOTREL,
ARDOUIN-DUMAZET, JEAN DE LA BRÊTE, LÉOUZON LE DUC,
COPIN-ALBANCELLI, LOUIS DASTÉ, PAUL NOURRISSON,
LIEUTENANT-COLONEL ROUSSET

COLLABORATION ARTISTIQUE

FORAIN, CARAN D'ACHE, GÉRÔME, DETAILLE,
Mme MADELEINE LEMAIRE, MONTENARD, PETIT-GÉRARD,
GUSTAVE BOURGAIN, R. JOURDAIN, MORLON.

Paris. — Société anonyme de l'Imprimerie des Arts et Manufactures,
8, rue du Sentier. (M. Barnagaud, imp.) — 855-2.

Images d'Épinal

La Journée du Prolétaire, 12 dessins en couleurs.
Histoire d'un Parlementaire, 12 dessins en couleurs.
Si vous êtes un Vrai Français, 8 dessins en couleurs.

100 exemplaires, franco à domicile	....			3 50
500	—	—	....	15 »
1.000	—	—	....	25 »
2.000	—	—	....	48 »
5.000	—	—	....	115 »
10.000	—	—	....	220 »
20.000	—	—	....	430 »

*Sauf avis contraire, les Images d'Épinal
seront expédiées assorties.*

LE MANUEL DU BON CITOYEN

Le Manuel du Bon Citoyen, brochure de 32 pages
avec couverture en couleurs, contient des articles de Jules
Lemaître et Gabriel Syveton, des questionnaires sur le
Nationalisme, sur le Cléricalisme et la Franc-maçonnerie
et une foule de dessins humoristiques.

50 exemplaires franco à domicile	....			6 »
100	—	—	....	10 »
500	—	—	....	40 »
1.000	—	—	....	70 »

Adresser les demandes des Images d'Épinal
et du Manuel du Bon Citoyen à la Patrie Française, *15, rue d'Argenteuil,* et aux Annales de la
Patrie Française, *196, rue de Rivoli, Paris.*

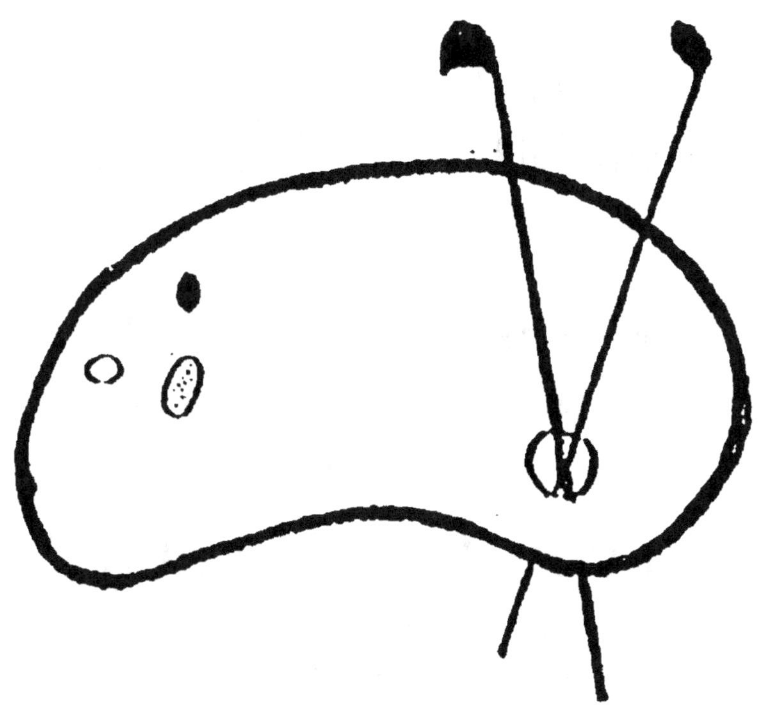

FIN D'UNE SÉRIE DE DOCUMENTS
EN COULEUR

LA PATRIE FRANÇAISE

DEUX
DISCOURS-PROGRAMMES

DE

M. JULES LEMAITRE

Président de la Patrie Française

ET DE

M. GODEFROY CAVAIGNAC

DÉPUTÉ

Ancien Ministre de la Guerre

Prix : 25 centimes.

PARIS

BUREAUX DE LA « PATRIE FRANÇAISE »

15, rue d'Argenteuil, 15

(1er arr)

INTRODUCTION

La Ligue de la Patrie française est en train
d'accomplir la tâche patriotique qu'elle s'est
imposée, de sauver la France par la préparation, pour le mois de mai prochain, d'élections honnêtes et conformes à l'intérêt national.

Ses chefs éminents, M. Jules Lemaître et
M. Godefroy Cavaignac, ont entrepris depuis
le mois de novembre 1901 une campagne de
propagande dans toutes les grandes villes de
France. C'est ainsi qu'ils ont déjà visité
Nancy, Corbeil, Versailles, Rouen, Marseille,
Lille, Bordeaux, etc.

Dans chacune de leurs conférences ils n'ont
pas eu de peine à démontrer que le ministère
Waldeck-Millerand-André est un ministère
de ruine et de trahison, encourageant les
grèves, désorganisant l'armée, entravant les
libertés les plus élémentaires par des lois per-
sécutrices.

Partout M. Jules Lemaître et M. Godefroy
Cavaignac ont reçu l'accueil le plus encoura-

geant. L'ardeur de l'enthousiasme est allé croissant, de Nancy à Rouen, de Marseille à Lille et à Bordeaux, si bien qu'il semble toujours que le succès de la dernière conférence ne puisse être dépassé, quoiqu'il le soit toujours.

Nous avons pensé qu'il valait la peine que les deux conférences principales fussent conservées et publiées. Ceux qui les ont entendues seront heureux de les retrouver, et nous savons par les demandes innombrables qu'ils nous en font, que ceux de nos compatriotes qui n'ont pas eu la bonne fortune de les entendre sont impatients de les connaître. Ils les propageront à leur tour, et nous aideront ainsi dans notre tâche de relèvement national.

DISCOURS DE M. JULES LEMAITRE

Messieurs,

Je vous dois d'abord une déclaration.

La Patrie Française est une Ligue républicaine, sans ambages, sans réserves, sans arrière-pensée.

Je vous dis cela, parce qu'il est possible que quelques-uns d'entre vous nous connaissent mal, tant les journaux ministériels ont entassé contre nous d'accusations mensongères.

Surtout, ils se sont appliqués à fausser le sens du mot « nationalisme ».

Le nationalisme (le mot l'indique assez), c'est simplement le réveil actuel de l'instinct de conservation nationale inquiété par le trop évident affaiblissement du pays, et peut-être par de mystérieuses intrusions étrangères. Il rappelle le temps où le cri français par excellence était : « Vive la nation ! ». Il nous rattache donc aux origines mêmes de la Révolution, dont nous essayons d'être les continuateurs fidèles.

Mais ce mot appartient à tout le monde, et se dit nationaliste qui veut. J'ai donc le devoir de déclarer que la Patrie Française représente le nationalisme républicain, qu'elle s'en est toujours tenue et s'en tiendra toujours à une opposition strictement constitutionnelle, qu'elle sait que les évolutions morales se font lentement, et qu'elle ne veut rien attendre que de la persévérante prédication de la vérité, et du concert des volontés saines et droites.

MESSIEURS,

Vous savez, j'imagine, que nous ne sommes pas les amis du ministère actuel. Que lui reprochons-nous donc ? D'un seul mot, nous lui reprochons de n'être pas un gouvernement républicain.

Qu'est-ce, messieurs, que la République, j'entends la République démocratique ? C'est le gouvernement du peuple par le peuple au moyen de représentants élus par lui ; le gouvernement de tous par tous au profit de tous ; le gouvernement national par excellence. Il s'ensuit que la République, si vraiment elle existait, serait le gouvernement qui assurerait à tous et à chacun le *maximum* de justice, de liberté, de sécurité, de bien-être.

Cela posé, sommes-nous en République ?

On peut dire qu'il s'en faut de quelques petites choses. Ne nous lassons point de rappeler l'histoire de ce ministère. Constitué, de son propre aveu, pour un objet très spécial : l'acquittement d'un officier juif condamné par un premier conseil de guerre, il n'avait plus, après le jugement de Rennes, qu'à céder la place. Il s'est maintenu, grâce au concours de toutes les forces antinationales et antisociales qu'il avait eues pour complices dans sa première entreprise, et dont il est actuellement le prisonnier.

Nous l'avons vu à l'œuvre. Nous lui devons, entre autres choses, la suppression de quelques-unes de nos libertés essentielles, la campagne antimilitariste, la démoralisation de l'armée, la délation érigée en système de gouvernement, le profond malaise de l'industrie et du commerce par la multiplicité des grèves politiques et par le manque de sécurité qui s'ensuit, enfin, le déficit.

Ce que nous avons, ce n'est pas la république : c'est une oligarchie intolérante et avide, qui exploite la France et la met en coupe réglée. Et alors une autre question se pose :

COMMENT RÉALISER LA RÉPUBLIQUE?

Nous n'avons pas le choix des moyens. Je n'en vois que deux : 1° propager les idées qui sont inséparables de la notion même de république, et 2° faire que ces idées soient représentées par la majorité de la Chambre future.

Ce seront les deux points de ce discours.

I

Notre programme ne s'attachera qu'à l'essentiel. Il sera très simple. Il faut qu'il soit ainsi pour être facilement compris et pour rallier le plus grand nombre possible de bons citoyens.

Notre premier article, c'est l'amour de la patrie et le respect de l'armée.

Il est étrange d'être obligé d'inscrire cet article sur un programme, mais c'est ainsi.

L'esprit du gouvernement actuel est déplorablement empreint d'humanitarisme maçonnique. Nous savons, sans doute, que tous les hommes devraient être frères; et nous savons que, s'il se rencontre sur notre chemin quelque étranger en détresse, nous devons le secourir, sans lui demander son nom, ni son origine. A ce compte, nous sommes tous des « humanitaires ». Mais, d'abord, c'est surtout, c'est presque uniquement envers nos compatriotes que nous avons l'occasion d'exercer notre humanité. Et puis, il arrive souvent que ceux qui professent l'amour de l'humanité sont tellement rassurés, par cette déclaration, sur l'excellence de leur propre cœur, qu'ils oublient d'être dévoués à cette communauté plus restreinte qui est la patrie, ou simplement, d'être bons autour d'eux. Il semble que l'humanitarisme, religion facile, les dispense de toute vertu. On dirait que, pour eux, aimer l'humanité, c'est, à l'heure qu'il est, préférer à sa patrie l'Allemagne, l'Angleterre et même la Chine, et c'est combattre chez nous l'institution militaire, juste au moment où les autres peuples paraissent les plus exempts de toute turlutaine débilitante, ne songent qu'à s'accroître, et sont patriotes avec plus de jalousie que jamais, patriotes jusqu'à l'« impérialisme ». Vraiment, la partie n'est plus égale entre ces peuples et nous. Dans ces conditions, l'humanitarisme que je viens de définir n'est-il pas le plus fou des anachronismes, et le plus dangereux ?

C'est comme si ce gouvernement paradoxal avait juré la perte du pays qu'il est censé représenter. Des maîtres publics de l'enseignement affectent de se montrer détachés des intérêts essentiels et évidents de ce qui est encore la France. Et le plus inquiétant, c'est que le chef suprême de nos soldats est lui-même hanté des chimères les plus pitoyables ; c'est que le ministre de la Guerre, délégué des Loges, semble vouloir détruire l'armée, croyant par là détruire la guerre, comme si nous étions seuls dans le monde. De sorte que ceux qui crient tour à tour : « Vive André ! » et « À bas l'armée ! » peuvent bien être des insensés ou des criminels, mais sont assurément d'irréprochables logiciens.

En second lieu, nous demandons la liberté d'association, que la dernière loi sur les associations viole gravement, et le maintien de ce qui nous reste de la liberté d'enseignement, laquelle se confond avec la liberté de conscience. Bref, nous demandons l'application des principes inscrits dans la « déclaration des droits de l'homme ».

C'est surtout pour cela (chose admirable !), c'est parce que nous revendiquons pour les pères de famille le droit de faire élever leurs enfants comme ils le jugent bon, et pour tous les citoyens le droit de s'associer pour observer ensemble telle règle de vie ou telle discipline qu'il leur convient, oui, c'est pour cela que nos adversaires, sans en croire d'ailleurs un mot, nous jettent à la tête le stupide reproche de cléricalisme.

Il faudrait pourtant s'entendre sur ce mot de cléricalisme. Le cléricalisme, c'est l'empiétement d'un pouvoir religieux sur le pouvoir civil; c'est l'intrusion d'une Église dans l'État : ce n'est pas autre chose.

Or, je vous prie, est-ce l'Église catholique qui mène le gouvernement actuel? Est-ce elle qui prépare et impose les lois? ou qui dispose pour ses créatures des faveurs, des emplois, des bureaux de tabacs, des décorations? Sont-ce les curés à 900 francs, surveillés par les maires et les instituteurs, qui oppriment la société civile?

La tyrannie d'un clergé trop puissant serait assurément intolérable. Nos pères ne l'ont pas supportée, et nous ne la supporterions pas. Mais ce n'est point cette tyrannie-là que j'ai aperçue depuis que je regarde autour de moi.

Oui, il y a une Église à laquelle l'État est présentement asservi; une Église fermée, occulte, qui a son *Credo*, ou son anti-*Credo*, et sa liturgie, ses rites, son Sacré Collège, ses tribunaux ecclésiastiques ; une Église de dogmatisme étroit et de discipline serrée, et merveilleusement organisée pour la domination et le butin. Mais cette Église, ce n'est pas notre vieille Église traditionnelle, devenue, je crois, assez débonnaire et prudente. Cette église, c'est la Franc-Maçonnerie.

La F∴ M∴ et ses annexes, ce qu'on peut appeler les frères du Tiers-Ordre maçonnique, ont fini par former une sorte de faux « pays

·légal » qui opprime le vrai pays et qui substitue sa volonté à celle de la nation.

Nous avons aujourd'hui quatre cents députés ou sénateurs affiliés à la secte. Que dirions-nous, que diraient nos adversaires s'il y avait quatre cents congréganistes dans les deux Chambres? Ils crieraient au cléricalisme, et ils auraient raison. Nous poussons le même cri contre les francs-maçons. C'est eux, à l'heure qu'il est, qui sont les cléricaux.

Sur la question sociale, nous nous exprimerons avec la même netteté.

Nous n'avons pas de mauvais cœurs. Et qui de nous n'a rêvé d'une société où il n'y aurait plus de malheureux et où régnerait la justice absolue?

Pour moi, je ne suis même pas d'origine bourgeoise; je suis fils d'instituteur et petit-fils de paysans. Je suis d'ailleurs seul et libre, et, si le régime collectiviste s'établissait jamais, je n'aurais, personnellement, pas grand'chose à y perdre. Je pense, d'autre part, avoir montré depuis vingt ans que j'écris, que je n'ai pas peur des idées. Je vous dis tout cela pour vous convaincre que je vous parle ici en homme désintéressé.

En outre, je crois, avec l'Évangile, avec les Pères de l'Église, ces précurseurs des socialistes, que le droit de propriété n'est pas un droit illimité, ou, si vous voulez, que ce droit doit être limité par notre conscience; je crois que les riches doivent être équitables aux pauvres, et les patrons à leurs ouvriers, et qu'ils ne seront pleinement équitables que lorsqu'ils seront fraternels.

Mais je crois aussi que le rêve et la réalité sont deux; et cela n'est pas une découverte.

Nous repoussons donc, non pas le socialisme (le mot est souple et en est venu à signifier simplement soit l'état d'esprit de ceux qui sont sincèrement soucieux de justice sociale, soit le système de législation qui assurerait aux travailleurs un peu plus de cette justice); mais nous repoussons le collectivisme, c'est-à-dire la « socialisation » et la mise en commun de toutes les richesses, capitaux, terres, mines, usines, instruments de travail, et tout le système politique et social qui en dériverait.

Voyons les choses comme elles sont. Même en supposant que le collectivisme ne soit pas une irréalisable chimère, pour combien de Français, à l'heure qu'il est, paraît-il souhaitable? Et par combien de Français est-il souhaité dans ce pays de suffrage universel?

En dépit d'injustices et de misères que nous n'ignorons point et auxquelles nous voudrions de bon cœur remédier, la France est peut-être le pays du monde où la richesse est répartie (oh! très mal encore, je le reconnais) entre le plus grand nombre de foyers. Il y a chez nous plus de huit millions de propriétaires fonciers. Les grandes villes mises à part, neuf millions de maisons sont habitées par les deux tiers de ceux qui les possèdent. On compte dix millions de livrets de caisses d'épargne; quatre millions cinq cent mille inscriptions de rente française, représentant au moins deux millions de porteurs; deux millions de membres de Sociétés de secours mutuels. La fortune mobilière que représentent les grandes Compagnies de chemins de fer et autres est divisée entre des millions de petits porteurs.

L'immense majorité de tous ces gens-là ne sont pas collectivistes et, malgré la modestie de leur condition, ne souhaitent nullement la suppression de la propriété, du capital et de la liberté du travail.

Les ouvriers syndiqués ne sont qu'un petit nombre, relativement au reste de la nation; tous d'ailleurs ne sont pas collectivistes; et, parmi ceux qui se donnent pour tels, combien y en a-t-il qui ne le sont que par crédulité, et qui ne savent pas bien exactement ce qu'ils disent !

Mais, en vérité, les meneurs révolutionnaires pensent et agissent comme s'il n'y avait en France que des ouvriers de mines ou de grandes usines (ils ne sont que quelques centaines de mille) et comme si eux seuls étaient à plaindre, et non pas les ouvriers libres, les petits patrons, les petits commerçants et les paysans — qui sont, tous ensemble, sept ou huit millions.

Ainsi les collectivistes méconnaissent ce que j'appellerai la réalité française.

Ils méconnaissent aussi la réalité humaine. Leur système s'appuie sur une idée fausse, sur un optimisme absurde, sur l'ignorance de notre nature.

Il ne serait réalisable que si tous les hommes

étaient bons, courageux et désintéressés. Or, vous savez ce que sont la plupart des hommes. J'ajoute : vous savez ce que sont la plupart des meneurs du collectivisme, je n'insiste donc pas.

Supposons-le pourtant réalisé. Ce serait la plus insupportable des tyrannies. Tout le monde serait fonctionnaire et personne ne serait libre. Ce serait la panbureaucratie, la médiocrité générale, la mort de l'initiative individuelle. Imaginez un vaste bagne, sous la surveillance, grassement rétribuée, des gardes-chiourmes, inspecteurs et distributeurs du travail. Les ouvriers mêmes n'auraient fait que changer de patron, et je ne sais si tous y auraient gagné. Les frais généraux et le gaspillage seraient énormes; le prix de production exorbitant. Par suite, la lutte deviendrait impossible contre la concurrence du travail étranger. Pour que l'application de cette grossière utopie ne nous fût pas mortelle, il faudrait que tous les États d'Europe en fissent à la fois l'épreuve. Cette condition manquant, il est trop clair que ce serait la ruine rapide de notre commerce et de notre industrie nationale.

Mais les meneurs collectivistes pensent et agissent comme si la France était seule en Europe et comme si elle n'était pas entourée de voisins actifs et rapaces, et chez qui le patriotisme s'exaspère, au moment même où des Français combattent, chez nous, l'idée de patrie.

Et pourtant, les gens qui prêchent cette obscure et meurtrière doctrine ont le gouvernement pour eux. Ils sont déjà au gouvernement. Plusieurs d'entre eux ont été les candidats officiels du ministère Millerand-Rousseau. De là, la plus violente surexcitation et un espoir fou dans le monde des ouvriers. Les grèves purement politiques ont pullulé; et nous savons ce qu'elles coûtent et à qui elles profitent. Cela, nous avons pu le voir, et nous en sommes plus sûrs que du paradis terrestre que les collectivistes nous promettent sans être d'ailleurs seulement capables de nous en donner une idée précise En attendant, nous voyons que c'est par la brutalité, par la violence, par la haine, et par le mépris des intérêts de la communauté nationale, qu'ils préludent à l'établissement de la fraternité future.

Quand notre commerce et notre industrie seront morts, je me demande de quoi vivront nos ouvriers. J'ai peur que les mines, les usines métallurgiques, les chemins de fer et les raffineries socialisés — et dirigés par quels polichinelles ! — ne leur réservent bien des mécomptes.

Je sais bien que des ouvriers disent : Même si le système collectiviste est impossible à établir, qu'est ce que nous risquons? — Ils risquent d'être encore plus malheureux qu'auparavant; voilà tout.

Industriels, commerçants, petits propriétaires ruraux, paysans, ouvriers qui voulez travailler et vivre, pour vous tous le collectivisme est l'ennemi, parce qu'il est le mensonge. Le collectivisme, praticable peut-être dans de petits clans à l'origine des civilisations, mais impraticable dans une société aussi compliquée que la nôtre, serait le retour en arrière, la réaction, le recul vers un état social inférieur à l'état actuel, si imparfait et même si pitoyable qu'il soit encore — et, finalement, la perte de la France.

Mais alors, quels remèdes aux maux des pauvres gens et aux injustices sociales? Oh! tous ceux qu'on pourra trouver, — excepté celui qui les aggraverait et qui perdrait le pays, y compris les ouvriers.

Nous appelons de nos vœux une réforme démocratique de l'impôt et la création d'une caisse des retraites pour la vieillesse des travailleurs.

Jusqu'ici, malheureusement, on n'a produit, sur ces deux points, que des projets mort-nés. Mal conçu et inquisitorial, le projet de l'impôt progressif sur le revenu (ce n'était pas celui de M. Cavaignac) a échoué il y a quelques années; et le récent projet d'une caisse des retraites, onéreux et incertain pour les ouvriers eux-mêmes, coûterait à l'État des centaines de millions.

Or, l'État ne peut, en ce moment, ni courir ces aventures, ni suffire à ces dépenses démesurées. Et, que cela nous plaise ou non, la question sociale est dominée chez nous, à l'heure qu'il est, par la question financière.

J'arrive donc à celle-ci. — Disons la vérité, si dure qu'elle soit: la question financière est devenue la grande question, celle devant qui toutes les autres s'effacent.

Le déficit, le « hideux déficit », comme l'appelait Mirabeau, voilà en face de quoi nous nous trouvons.

Gambetta disait : « Il ne faut pas croire que la République soit un gouvernement à bon marché ». — C'est qu'elle a une famille politique, et que cette famille est vorace et bien endentée. Cinq ou six cents souverains (pour ne compter que les députés ou sénateurs de la majorité) cinq ou six cents souverains et leur clientèle, cela coûte cher.

En trente-deux ans, les dépenses ont augmenté de plus de deux milliards deux cents millions.

De 1870 à 1874, l'augmentation est de un milliard ; mais elle s'explique par la guerre et ses conséquences.

De 1874 à 1898, l'augmentation, sans motifs plausibles, cette fois, est de un milliard également ; ce qui revient à dire que chaque année on dépense trente-six millions de plus que l'année précédente.

De 1898 à 1902, l'augmentation est de deux cent vingt et un millions ; en d'autres termes, tous les ans on dépense soixante-quatorze millions de plus.

Je ne sais si la France eût pu suffire longtemps encore à de pareilles charges. Mais le ministère dreyfusiste est venu. Et, comme il a tué dans le pays toute confiance et toute sécurité, il lui a été donné d'inaugurer avec un sinistre éclat l'ère du déficit. Pour la première fois depuis bientôt un siècle les impôts refusent de rentrer.

Quel remède ?

Le jovial ministre des Finances a imaginé un emprunt. C'est-à-dire qu'il a augmenté de deux cent soixante-cinq millions une dette publique de trente-cinq milliards. Il gage cet emprunt sur l'indemnité que doit nous payer la Chine. Ne nous arrêtons pas à cette facétie.

Il y a un remède, et il n'y en a qu'un : réduire le budget des dépenses. En dehors de cela, tout est illusion ou mensonge. Il faut opter entre la réduction des dépenses — ou la ruine. Voilà un dilemme qui n'est malheureusement pas un jeu d'esprit.

Mais où faire porter les économies ? Peut-on réduire le nombre des fonctionnaires et lier cette réforme à un commencement de décentralisation administrative ? Peut-on sans danger, par un contrôle plus sévère, diminuer quelque peu les dépenses de la guerre ou de la marine ? Recherche malaisée, et qui serait la tâche principale des députés que nous voudrions envoyer au Parlement.

Si l'on arrivait à réaliser seulement, sur un budget de plus de trois milliards et demi, cent millions d'économie (cela doit être possible, et il faut que cela soit possible puisque cela est nécessaire) ; si l'on employait les trois quarts de ces cent millions à dégrever les petits contribuables, et l'autre quart à encourager, par tous les puissants moyens dont l'Etat dispose, les œuvres de mutualité, nous serions déjà en bien meilleure posture. Après quelques années de ce prudent régime, on verrait à faire plus grand.

Ce n'est pas notre faute si nos vœux sont aujourd'hui si modestes. Ce n'est pas nous qui sommes responsables de notre misérable état financier.

Deux fois criminels, ceux à qui nous le devons! Car, d'abord, ils n'ont rien su faire, en quatre ans de législature, pour ce qu'ils appellent « la classe la plus nombreuse » ou le « prolétariat », et, par conséquent, ils se moquent de nous quand ils nous parlent de leur amour du peuple; et ensuite, ils ont rendu présentement impossibles, par l'imprévoyance et l'improbité de leur gestion, les grandes lois d'amélioration sociale qu'ils continuent de promettre avec une impudence mécanique. C'est par leur faute, il faut qu'on le sache bien, que ceux dont ils ne cessent d'exaspérer les rêves, sont condamnés à un surcroît d'attente, que nous nous engageons à abréger le plus possible.

En résumé, une république qui ne mente pas entièrement à son nom; qui respecte nos libertés essentielles; qui ait souci de la sécurité nationale et, par conséquent, fasse respecter l'armée; qui soit économe de nos deniers, qui restaure nos finances, et qui, en attendant les grandes lois sociales, favorise ce que j'ai appelé le socialisme volontaire : voilà l'idéal peu éclatant, mais accessible, auquel nous prions nos amis de se rallier.

II

Pour propager ces idées si simples, nous avons la parole. Pour faire qu'elles soient représentées par la majorité de la prochaine Chambre, et qu'elles aient quelque chance de se traduire dans les faits, nous avons le suffrage universel.

Mais que vaut-il ?

Nous avions cru que la République, c'était le gouvernement de tous par tous, au moyen de représentants élus : et les chiffres *officiels* nous apprennent que, les abstentions étant en moyenne de 24 0/0 pour toute la France, et les voix données à des candidats battus étant de 30 0/0, plus de la moitié des électeurs (54 0/0) c'est-à-dire plus de six millions d'électeurs ne sont pas représentés à la Chambre.

Ce n'est pas tout. Parmi ceux dont l'opinion est censée y être représentée, combien ont été dupes ! Combien, lorsqu'ils votaient pour le candidat Un Tel, y ont été déterminés par des raisons absolument étrangères à l'intérêt général ou régional et même à toute espèce de conception politique ! Combien n'ont pas su du tout ce qu'ils faisaient en mettant leur bulletin dans l'urne !

D'autre part, vous savez comment se font les élections, le rôle qu'y jouent l'intimidation, la faveur, la corruption, le mensonge, l'argent tout nu et tout cru, et la fraude toute pure.

J'ai plusieurs fois, à Orléans, à Grenoble, à Lyon, à Toulouse, exposé les moyens de moraliser et de hiérarchiser le suffrage universel, et de transformer cette force, facilement dupe et facilement tyrannique, en une force clairvoyante, bienfaisante, morale.

Mais j'ai reconnu que ces moyens ne suffisaient pas. La réforme électorale est nécessaire. J'ajoute que l'idée en est acceptée par tous les bons citoyens et, notamment, par nos amis les républicains progressistes.

Cette réforme porterait sur trois points :

1° Le rétablissement du scrutin de liste. Ce système laisse moins de place au maquignonnage. Il permet des alliances honnêtes entre les candidats, il permet de les grouper en grand nombre sur un programme simple et clair et de créer par là de grands courants d'opinion.

2° Mais le scrutin de liste, tout seul, ne donnerait encore qu'une représentation fort inexacte des opinions et des intérêts du pays.

Supposons-le rétabli, et prenons un département comme la Loire-Inférieure qui envoie neuf députés à la Chambre, et dans lequel les électeurs royalistes sont en majorité. Les neuf députés seront royalistes. Les républicains, qui forment plus du tiers des votants, n'auront pas un seul représentant. Plus de 46.000 citoyens seront supprimés, annihilés par les 70.000 autres, absolument comme s'ils avaient été rayés des registres électoraux pour avoir subi quelque condamnation infamante.

Voulez-vous voir la situation inverse ?

Prenez la Lozère, où les conservateurs forment presque la moitié du corps électoral : 15.000 contre 16.000. Avec le scrutin de liste, ils n'auront pas un seul député, sur les trois qui sont attribués au département.

Il faut donc ajouter au scrutin de liste la représentation proportionnelle ou représentation des minorités. Avec ce système toutes les opinions, tous les partis seraient représentés selon leur importance et leur force. Système excellent, le seul équitable. Système très simple dans son fonctionnement, mais difficile à exposer en peu de mots.

3° Le vote obligatoire pour tous les électeurs. Je n'ai pas besoin de montrer que le suffrage universel serait plus sincère, s'il était universel en fait. Les abstentionnistes dépourvus d'excuses valables seraient frappés d'une peine légère, telle que l'affichage de leurs noms ou la privation de leur droit de vote pendant quelque temps. On peut espérer que cette sanction toute morale ne serait pas totalement inefficace.

Notez que ces réformes peuvent être accomplies par la Chambre future, tranquillement, sûrement, sans la convocation hasardeuse d'un Congrès. Elles seraient comme la première étape dans la réalisation progressive de la République.

La seconde étape, ce serait la revision constitutionnelle.

Le parlementarisme, en soi, est défendable. Mais le parlementarisme sans frein, tel que nous le voyons, c'est-à-dire l'absence de toute responsabilité et l'envahissement de tous les pouvoirs par le pouvoir législatif, est une chose abominable.

Le frein du parlementarisme, ce devrait être l'Exécutif.

La Constitution confère au président de la République des droits très étendus. Il ne s'en est jamais servi, il ne peut pas s'en servir. Pourquoi ? C'est que le pouvoir exécutif, issu du législatif, n'est plus rien devant celui-ci ; c'est que, élu par les seuls parlementaires, qui représentent déjà si imparfaitement la nation, il ne la représente plus du tout et n'exerce qu'une fonction passive, décorative, inutile, et à laquelle suffirait l'excellent M. Crozier.

L'immense majorité des citoyens accepterait facilement l'idée d'une Constitution où le président de la République, nommé par un collège électoral plus large (soit par les Conseils généraux et les grands corps de l'Etat, soit plutôt par le suffrage universel à deux degrés, tranchons le mot, par le plébiscite américain), recouvrerait, en vertu de ses origines, quelque indépendance à l'égard du parlement, serait vraiment l'homme de la nation, — et où les ministères de défense et de protection nationale, ceux qui ont absolument besoin de durée et de suite, — guerre, marine, affaires étrangères, — seraient responsables uniquement devant le chef de l'Etat.

A ces deux points, selon moi, devrait se réduire la réforme constitutionnelle.

Mais cela ne pourrait se faire que par un Congrès, et par un Congrès où les représentants de nos idées fussent en majorité. — Ce sera, comme j'ai dit, la seconde étape, sans doute encore lointaine, dans la formation d'une république raisonnable et viable. Entreprenons ce qui est immédiatement possible et allons au plus pressé.

Messieurs, je ne me dissimule pas que notre programme paraîtra bien humble auprès des boniments de la plupart de nos adversaires.

Ceux-ci n'éprouvent aucune difficulté à mentir ; ils ne craignent pas d'exploiter l'ignorance et la faiblesse d'esprit d'un trop grand nombre d'électeurs, de caresser leurs instincts égoï-tes, leur secrète répugnance à une règle morale, leur paresse, leur cupidité.

Nous, au contraire, nous convions les électeurs surtout à des sentiments désintéressés. Nous les exhortons à s'indigner contre des injustices dont ils n'ont pas encore souffert personnellement. Nous cherchons à les .élever jusqu'à la conception et à l'amour de la communauté nationale. Lorsque nous leur prêchons le patrio-tisme, c'est comme si nous leur recommandions le sacrifice volontaire de l'individu à la collectivité. Nous leur promettons les réformes que la charité ou la raison conseille et que permet la réalité ; mais nous ne leur promettons pas ce que nous ne pouvons pas leur donner : nous ne leur promettons pas l'Eldorado.

Bref, nos adversaires ont sur nous ce grand avantage, de s'adresser aux mauvais sentiments et d'escompter la crédulité populaire. Qu'est-ce que nous pouvons contre des gens qui disent au peuple : « Tu ne paieras plus d'impôts, c'est le gros propriétaire de la commune qui les paiera tous ; tu auras des rentes à quarante-cinq ans; tu ne feras pas de service militaire ; tu n'as pas de devoirs, tu n'as que des droits », etc.

Dans cette lutte où nos ennemis mentent et où nous disons la vérité ; où ils flattent l'égoïsme et où nous nous adressons à la bonté du peuple et à son bon sens, il semble bien que nous ne soyons de force.

Pourtant, qu'ils ne s'y fient pas. Nous pensons

qu'on peut encore émouvoir des Français en leur parlant de la France, en leur parlant d'autre chose que de l'intérêt immédiat de chacun, en leur parlant de l'intérêt de tous, — et en leur faisant d'ailleurs remarquer que le bien de tous enveloppe le bien de chacun et que, selon la parole d'un ancien, ce qui est utile à la ruche est utile à l'abeille. — Ce peuple, toute son histoire le prouve, a un fonds de noblesse et de générosité héréditaires. Il finira bien par le faire savoir une fois de plus.

Et puis, une chose qui nous donne bon espoir, je vous le dis en passant, c'est que nous avons les femmes pour nous. Elles sont nos quêteuses, et souvent, elles nous envoient leurs maris ou leurs fils.

Messieurs, ce n'est pas en un jour qu'un pays se perd. Mais il ne se relève pas non plus en un jour. Soyons ardents, mais soyons patients et persévérants.

La République est le plus souple et le plus perfectible des régimes. Elle peut être la pire ou la meilleure des choses. Elle vaut exactement ce que vaut l'ensemble des citoyens qui forment l'État républicain. Elle vaudra ce que nous vaudrons; ou plutôt, elle vaudra mieux à mesure qu'il y aura un plus grand nombre d'électeurs qui pensent comme vous.

La République (c'est là sa gloire et c'est là son péril) est le gouvernement qui exige le plus de la bonne volonté et de l'activité des citoyens, et qui leur permet le moins l'indifférence, l'inertie et la paresse.

C'est pour cela aussi qu'elle est le régime le plus cher aux âmes libres et généreuses, et non seulement à ceux qui prétendent vivre libres et n'avoir que des maîtres élus, mais à ceux qui ont le goût et la force d'agir sur leurs semblables, d'entraîner, de persuader.

La République est un régime où il n'est pas nécessaire d'être au pouvoir ou dans l'administration pour participer aux affaires, mais où l'on peut y participer très réellement, quoique d'une manière indirecte, par la parole, par la propagande des idées, par l'influence — librement acceptée — qu'on exerce autour de soi sur d'autres hommes.

La République sera sauvée quand tout le monde, ainsi que le veut son principe, s'occupera des affaires publiques, parce qu'alors les plus intelligents et les meilleurs — à la condition d'être visiblement désintéressés — finiront par avoir sur le suffrage universel une action déterminante.

Montrez de plus en plus que vous êtes de vrais républicains, c'est-à-dire des hommes de foi, de liberté, de courage, et — pour l'instant — des hommes de résistance !

DISCOURS DE M. CAVAIGNAC

Messieurs,

Nous sommes des républicains qui nous présentons devant vous pour sauvegarder l'idée nationale que nous jugeons menacée et compromise, contre les internationalistes de toute espèce, depuis ceux de la haute finance cosmopolite, jusqu'à ceux du collectivisme révolutionnaire, en passant par l'humanitarisme vague des intellectuels.

Nous ne sommes point des hommes qui venions faire parade ici, comme on vous le dit quelquefois, d'un patriotisme échauffé et fanfaron.

Mais nous pensons qu'une menace réelle, qu'une menace grave pèse sur ce qui est le patrimoine et le bien commun de tous les Français ; sur ce patrimoine fait d'espérances, de souvenirs, de traditions et d'intérêts communs, et sur les institutions qui en sont la garantie et la sauvegarde.

Ce péril existe-t-il réellement ou bien est-il une chimère de nos esprits ? C'est ce que je voudrais examiner brièvement avec vous.

Qui pourrait contester tout d'abord que, dans le bloc ministériel que nous combattons, toute une fraction importante ait pour programme, et pour objet essentiel la destruction de l'organisation militaire ?

Non seulement cela est évident, mais cela est avoué.

Lorsqu'ici même, il y a trois ans, dans le grand congrès du parti socialiste, M. Jaurès s'est trouvé en présence de M. Guesde et des socialistes antiministériels qui lui reprochaient d'avoir engagé le parti socialiste comme il l'avait fait dans l'affaire Dreyfus, pour un intérêt individuel, savez-vous ce qu'il a répondu?

Voici son argumentation et ses propres paroles:

« Ce n'était pas du temps perdu, car, pendant que s'étalaient ses crimes (les crimes du militarisme), pendant que vous appreniez à connaître toutes ses hontes, tous ses mensonges, toutes ses machinations, le prestige du militarisme descendait tous les jours dans l'esprit des hommes; et, sachez-le, le militarisme n'est pas dangereux seulement parce qu'il est le gardien armé du capital, il est dangereux aussi parce qu'il séduit le peuple par une fausse image de grandeur, par je ne sais quel mensonge de dévouement et de sacrifice.

» Lorsqu'on a vu que cette idole si glorieusement peinte et si superbe, que cette idole qui exigeait pour le service de ses appétits monstrueux des sacrifices de générations; lorsqu'on a vu qu'elle était pourrie, qu'elle ne contenait que déshonneur, trahison, intrigues, mensonges, alors le militarisme a reçu un coup mortel et la révolution sociale n'y a rien perdu. »

Ainsi, il n'y a pas de doute, je laisse de côté

les excès de langage des rêveurs qui spéculent loin de toute réalité, ou des anarchistes qui cherchent la réclame par l'excentricité.

Je prends le langage d'un chef de parti, et d'un parti qui compte, vous en savez quelque chose ici.

Le parti collectiviste a subordonné son action à la campagne antimilitariste.

Mais ce n'est pas tout : si nous n'avions en face de nous sur ce terrain que le parti collectiviste, ce n'est pas le seul terrain où nous le rencontrions; et, s'il est aussi dangereux sur celui-là que sur les autres, il n'est du moins pas surprenant qu'il ajoute cette tentative de bouleversement social à toutes celles qu'il a entreprises, ni même, si vous le voulez, qu'il donne le pas à celle-là sur toutes les autres.

Ce qu'il y a de particulièrement grave, c'est que c'est par là que le parti collectiviste a pénétré dans le gouvernement, — c'est que c'est par là qu'il s'y maintient.

C'est que c'est là le seul lien commun qui réunisse dans une action commune des hommes aussi dissemblables que M. Waldeck-Rousseau, le général André et M. Millerand.

C'est que, par suite, c'est sur ce terrain-là que le gouvernement et la majorité actuelle ont dû livrer aux collectivistes, non pas les seuls gages qu'ils leur aient livrés, mais les concessions les plus graves et les plus funestes qu'ils leur aient accordées.

Peut-il y avoir un doute? Est-ce que, en ce qui concerne le développement et l'affermissement des institutions militaires, tout n'est pas changé en France depuis trois ans?

La France avait appris en 1870 une leçon qu'elle avait chèrement payée.

Le jour où le coup de théâtre de 1870 a révélé à la nation ce qu'elle ignorait : la faiblesse de notre organisation militaire et la force de celle qui nous était opposée, une seule pensée est née dans l'esprit et dans le cœur de tous les Français.

Elle a réuni dans un effort commun les légions de Gambetta et les zouaves pontificaux ; elle a inspiré ces dévouements admirables qui ont sauvé ce qui pouvait être sauvé encore du patrimoine moral de la France, ces dévouements dont vos plaines du Nord ont vu les derniers et héroïques efforts.

Et lorsque les derniers morts de 1870 ont laissé échapper le drapeau de leurs mains défaillantes, leur héritage a été pieusement recueilli. La pensée qui les avait poussés au sacrifice a dominé pendant trente ans la politique de tous les partis. Elle a fait depuis 1870 l'unité et la grandeur de la politique française.

Ce n'était pas seulement la volonté de ne pas signer un acte d'abdication définitive, ce n'était pas seulement la pensée que le sang versé, même après l'heure où le désastre était apparu irrémédiable, était le gage d'un meilleur avenir.

C'était aussi la certitude que l'héroïsme improvisé de la dernière heure ne pouvait suffire à sauvegarder ou à sauver ce qui devait être sauvé, et qu'il y fallait la garantie d'une organisation préparée de longue main, cimentée par la confiance réciproque des chefs et des soldats, assurée, dans son affermissement et dans son développement, du concours impartial et sans réserve de toutes les bonnes volontés.

Eh bien, ce qu'il eût paru impie de discuter, il y a trois années, on nous demande, aujourd'hui, de le renier et de le détruire.

Et l'œuvre est commencée.

Ce n'est pas seulement, vous l'entendez bien, les idées morales sur lesquelles repose l'institution militaire auxquelles on s'attaque.

Sur le terrain pratique l'œuvre de désorganisation est déjà largement entamée.

Le ministre de la Guerre, après avoir soumis à son arbitraire pur et simple l'avancement d'un personnel de vingt mille officiers qu'il est impuissant à régler avec justice et avec l'appréciation exacte de leurs mérites, a proclamé du haut de la tribune qu'il n'avait ressaisi ce pouvoir arbitraire que pour le livrer à cet autre souverain à six cents têtes qui ne connaît ni l'action persévérante et suivie, ni le sentiment de la responsabilité individuelle, et que désormais l'avancement des officiers serait abandonné au Parlement, et cette déclaration a reçu aussitôt le commentaire le plus édifiant lorsque, quelques instants après, un député a proposé de protester au moins contre la délation et lorsque le président du Conseil, en quelques mots qui étaient autant d'aveux, a déclaré que cette proposition était une attaque dirigée contre le ministre de la Guerre, et lorsque la Chambre a refusé de s'y associer.

Mais ce n'est pas tout.

Les événements de 1870 avaient dégagé encore une autre leçon que celle dont je parlais à l'instant.

Lorsque la guerre moderne met en mouvement des masses qui atteignent un million d'hommes, l'exercice du commandement garde sans doute toute son importance bien qu'il doive échapper nécessairement à la direction d'une tête unique.

Mais la bonne organisation de ces foules immenses est la première condition du succès, comme elle est la première difficulté, parce qu'elle rend seule possible l'exercice du commandement, et il n'est douteux pour aucun de ceux qui ont réfléchi aux événements de 1870 que le ressort principal du succès, s'il a été dans l'initiative des chefs à tous les degrés de la hiérarchie, a été aussi dans la supériorité de ce grand état-major général auquel une culture patiente de soixante ans avait donné chez nos ennemis une puissance exceptionnelle.

Lentement, sûrement, nous avions travaillé chez nous à préparer un organisme égal à celui qui nous avait vaincus.

Et lorsque l'œuvre se poursuivait, développée déjà, chaque jour en progrès, touchant à son terme, voici que, par un revirement tragique, les directeurs de la politique française s'acharnent à détruire ce qui a coûté tant de peines et tant d'efforts à ébaucher, à compléter, à perfectionner.

On a travaillé à discréditer d'abord notre état-

major général, on l'a amputé ensuite, et aujour-
d'hui, le but avoué d'une politique qui a la sanction des Commissions parlementaires et l'appro-
bation même, dit-on, du ministre de la Guerre,
est de le disloquer définitivement, de le couper
en deux fractions distinctes, séparées le plus
possible, diminuées toutes deux, presque nécessairement rivales, dont l'une aura pour objet la
discussion des projets d'opérations militaires, et
l'autre la préparation matérielle nécessaire pour
l'exécution de ces projets.

L'état-major général, voilà l'ennemi, telle est
la formule de la politique nouvelle.

Et il semble qu'elle enregistre comme un
gain, comme un bénéfice à son profit, tout ce
que notre organisation militaire perd tous les
jours en puissance et en sécurité.

Eh bien, il ne faut pas qu'il y ait d'illusion.

J'en parle ici sans passion et sans violence,
mais du moins avec l'expérience des choses
dont je parle.

Le mal, à l'heure actuelle, n'est pas encore
irréparable ; mais si la politique qui nous régit
aujourd'hui reçoit la sanction du suffrage universel, les générations qui ont vu 1870 pourront
s'effacer et disparaître, c'en sera fait des espérances qui nous ont soutenus depuis cette date.

Ce que la France n'a point accepté à l'heure
même de la défaite, la pensée d'un désarmement
moral, il faudra qu'elle l'accepte trente ans
après.

L'effort des internationalistes aura réussi à lui
imposer une abdication résignée qu'au sein

même du désastre elle avait repoussée de tout son effort et de toute son énergie.

Messieurs, a-t-on contesté quelquefois le péril que nous vous signalons cependant avec quelque précision? On a toujours répondu à côté.

On a décoré du nom de défense républicaine ce qui n'était, en réalité, que l'abdication nationale, et lorsque des républicains ont refusé comme nous d'accepter le divorce de l'idée nationale et de l'idée républicaine, on a fait peser sur eux, comme cela est arrivé pour ceux qui nous ont accompagnés à Versailles, la terreur des excommunications de parti.

Eh bien, nous ne ferons pas ce que font nos contradicteurs, nous les suivrons sur le terrain politique où ils nous appellent.

Et quelle est donc, en vérité, s'il est possible de la dégager de ses multiples contradictions, la politique en face de laquelle nous nous trouvons et qui régit la France depuis trois ans?

Un premier fait est bien frappant. Il y a quelques jours, le chef du gouvernement s'est rendu avec quelque pompe, accompagné de son état-major ministériel, à Saint-Étienne, pour s'expliquer devant le pays, à la veille de la consultation électorale dont quelques semaines à peine nous séparent.

On attendait de lui le programme politique du parti qu'il représente depuis trois ans au pouvoir et au nom duquel il parlait.

Q'est-il sorti de cette manifestation éclatante? Une apologie de son œuvre d'hier sur laquelle je vais revenir tout à l'heure, et pas un mot, je dis pas un mot, sur ce que sera demain l'œuvre du parti au nom duquel il parle.

Ainsi, voilà des hommes qui nous reprochent chaque jour de n'être ni des républicains ni des démocrates, et ils jugent superflu d'exposer même au pays les idées directrices du programme politique pour lequel ils lui demandent confiance.

S'il est vrai que le régime politique sous lequel nous vivons soit un régime d'opinion, soit, comme on a dit souvent, le régime d'une démocratie maîtresse d'elle-même, c'est parce qu'il accorde tous les quatre ans au suffrage universel le droit d'exercer son action à l'heure où il choisit ses représentants, sur la direction des affaires publiques.

Mais encore faudrait-il qu'à cette heure unique et fugitive, le suffrage universel sût clairement sur quoi il se prononce.

Il faudrait, et c'est l'œuvre des partis politiques, il faudrait que, dégageant de la confusion où s'agitent et se mêlent les idées, un certain nombre de points précis, de réformes réalisables, de questions à résoudre, il faudrait — ce serait du moins la seule garantie possible — il faudrait que les partis opposés exposassent leurs vues au suffrage universel et demandassent, chacun de leur côté, crédit pour les réaliser.

En dehors de cela, je demande si le régime représentatif ne devient pas, en se résolvant en questions purement personnelles, la plus amère des dérisions.

Eh bien, des hommes qui se disent les représentants les plus convaincus et les seuls sincères du régime démocratique, refusent à la démocratie la seule et bien fugitive occasion qui lui soit donnée de se prononcer sur les questions qui se résolvent en dehors d'elle.

Que reste-t-il donc? Il reste une apologie personnelle de l'œuvre accomplie pendant ces trois dernières années.

J'avoue qu'il ne m'est pas possible de partager l'admiration que M. le président du Conseil éprouve pour son œuvre et je crains que le pays ne la partage pas.

Je ne voudrais pas m'arrêter sur ce qui est le résultat le plus manifeste de la politique ministérielle, sur ce sentiment de malaise général qui a pénétré partout les milieux économiques et sociaux, qui a soulevé la capitale de la France contre un gouvernement qui la traite en ennemie, qui a entraîné dans un mouvement de protestation nationale toute la frontière de l'Est, qui soulève actuellement contre la gestion, à la fois tyrannique et désorganisatrice, des municipalités collectivistes, l'opinion des grandes villes de France comme Marseille et Roubaix.

Je ne voudrais m'arrêter qu'aux résultats matériels de la politique ministérielle.

Ils peuvent se résumer en deux mots : la désorganisation militaire et financière de la France.

J'ai montré tout à l'heure l'œuvre de désorganisation militaire. Je n'y reviendrai pas.

Mais il faut s'arrêter un instant sur l'œuvre de désorganisation financière.

Le ministère a inauguré dans l'histoire financière de la troisième République une période nouvelle.

Nous avons vu, au lendemain de la fondation de la République, la période des dépenses qu'on nommait à bon droit des dépenses extraordinaires. C'était l'heure de la liquidation des désastres de 1870. C'était l'heure où, d'une part, des nécessités auxquelles il était impossible de se soustraire, comme la reconstitution de notre organisation militaire, et de l'autre, des dépenses qu'il eût peut-être été possible d'engager avec plus de prudence et de méthode, comme celles qu'a entraînées le développement de notre outillage économique, c'était l'heure où ces causes diverses entraînaient un accroissement vertigineux d'une dette publique déjà si effroyablement élevée.

C'était l'heure où l'on voyait la dette de la France, qui approchait déjà du chiffre de trente milliards, s'élever annuellement de sommes qui ont atteint dans certaines années jusqu'à sept cents ou huit cents millions.

Et puis, vers 1884, a commencé une nouvelle période, qui est, celle-là, tout à l'honneur de la gestion républicaine : un effort notable, d'autant plus méritoire qu'il était obscur, a successivement réduit et comprimé l'exubérance des dépenses, et, aidé par la puissance merveilleuse et spontanée de l'épargne française qui développait naturellement les ressources de l'État, il avait pu, dans ces dernières années, réaliser du moins un premier résultat.

Si les charges du contribuable français demeuraient encore énormes, la dette publique du moins avait cessé de s'accroître, et elle se réduisait peut-être même dans une légère mesure.

Eh bien, tous ces résultats sont aujourd'hui compromis, et c'est l'œuvre du ministère actuel

Tandis que le malaise social dont je parlais il y a un instant, se traduisait en malaise économique, et que le malaise économique se traduisait, par une conséquence aussi nécessaire, dans la diminution du rendement des impôts, l'insouciance de la politique ministérielle livrait sans réserve le budget de la France à des fantaisies comme celle qui a décrété hier à l'improviste, dans une situation difficile, non point comme le résultat d'un projet sérieusement élaboré et mûri, mais comme le caprice d'une heure, le rachat de deux Compagnies de chemins de fer.

Le résultat ne s'est pas fait attendre. L'année 1902, celle qui va porter le premier poids de la gestion ministérielle, va donner un déficit que les évaluations les plus modestes ne peuvent évaluer à moins de deux ou trois cents millions; — et peut-être, si l'on compte bien, la dette de la France va-t-elle s'accroître dans cette année, à née normale, sans accidents exceptionnels, d'une somme d'un demi-milliard.

Et cela — c'est le trait nouveau de la situation actuelle, — sans que l'on puisse mettre en regard de ce passif, comme à l'époque des grands budgets extraordinaires, la contre-partie d'un accroissement d'actif comme le développement de l'outillage militaire ou de l'outillage économique; sans que l'on puisse mettre en regard de ce passif d'autre contre-partie que le laisser-aller et l'insouciance d'un gouvernement et d'une majorité qui ont répudié les plus élémentaires obligations du contrôle financier.

Voilà les résultats négatifs de l'œuvre ministérielle.

Et en vue de quels résultats positifs a-t-il sacrifié tout ce qu'il a sacrifié ?

À une œuvre unique qu'on nous présente comme la grande pensée du règne, à la loi sur les associations.

Eh bien, nous ne sommes point suspects à ce point de vue, nous sommes de ceux qui se sont engagés sans réserves, il y a vingt-cinq ans, pour défendre contre les visées temporelles et l'esprit de domination de l'Église catholique, l'autorité de l'État et la conscience individuelle.

Et si nous ne voyons pas de péril à ce que des hommes s'associent pour vivre en commun selon les règles qui leur conviennent, nous verrions le plus grand danger à ce que les congrégations religieuses constituassent dans l'État un pouvoir politique, sortant du rôle qui paraît leur rôle naturel, celui d'aider et de développer les œuvres d'assistance sociale, et cherchassent à exercer une action sur la vie publique de la nation.

Mais quel sera à ce point de vue le résultat de la loi sur les associations ? Cela paraît encore à l'heure actuelle bien obscur ; et peut-être quelques inquiétudes sont-elles déjà nées parmi ceux qui en ont été les partisans les plus résolus.

Il semble, par un contraste étrange, que cette mesure qu'on nous présente comme le point culminant de l'action anticléricale, doive marquer le point de départ d'un reniement incontestable de ce qui a été de tout temps, en ces matières, la doctrine du parti libéral.

Est-ce que ce n'a pas été de tout temps la préoccupation des libéraux de tenir étroitement séparé ce qui était du domaine politique et temporel et ce qui était du domaine de la conscience individuelle ; — de laisser à la philosophie le soin de discuter les doctrines, et à l'État le soin de sauvegarder le pouvoir temporel, — afin que ni les doctrines ou les religions ne pussent utiliser au profit de leur propagande le pouvoir temporel, — ni le pouvoir temporel ne pût intervenir, par l'action matérielle dont il dispose, dans le domaine des consciences.

Et si plus d'un obstacle, plus d'une cause historique ou traditionnelle en France, peut-être aussi la crainte de soustraire à tout contrôle l'action temporelle de l'Église, créait en France à la réalisation de l'idée des difficultés insurmontables, ne pouvait-on pas dire que le but auquel tendait à peu près unanimement le parti libéral, avec plus ou moins de réserve, était le régime de beaucoup de pays libres, le régime de la séparation des Églises et de l'État.

Et voici que le premier résultat de la loi sur les associations et le point culminant de la lutte anticléricale paraît être de favoriser la pénétration réciproque de l'Église et de l'État, et de

créer entre eux des rapprochements trop inti-
mes, où il nous paraît que ni la religion ni l'État
n'ont rien à gagner.

Nous sommes au paroxysme de la politique
concordataire.

Et, comme au temps de l'Empire et des luttes
épiques de Napoléon Ier et de Pie VII, la première application qu'ait faite le gouvernement
de la loi sur les associations a été de regarder
quelle était la robe du prédicateur qui montait
dans la chaire. Singuliers libres-penseurs, dont
la préoccupation dominante et la plus urgente a
été de mander les prédicateurs chez le juge d'ins-
truction, pour rechercher si c'était un jésuite,
un capucin ou un dominicain qui prêchait dans
les églises.

Mais il y a, derrière les manifestations puériles
de la politique ministérielle, quelque chose de
plus grave et qui nous inquiète pour la liberté de
conscience elle-même.

Nous nous demandons s'il n'y a pas, dans
l'évolution actuelle, quelque chose d'analogue à
ce qui a déjà marqué l'évolution de la pensée au
XVIe siècle, et si un mouvement commencé au
nom de la liberté de pensée n'est pas en train de
dévier vers un dogmatisme aussi étroit que celui
qu'il prétend détruire.

N'avons-nous pas assisté à la manifestation la
plus étrange de ces tendances nouvelles, lorsque
le ministre de la Guerre, dans une séance
récente, a donné la formule que cette école nouvelle de libres-penseurs se fait de la liberté de
pensée ; en annonçant que les bourses des écoles

militaires seraient refusées aux enfants que leurs parents auraient fait élever dans les écoles congréganistes.

Ainsi, voilà l'état vers lequel nous poussent des hommes qui invoquent le nom de la liberté de pensée.

Les enfants, par une application nouvelle du dogme du péché originel, porteront la peine des actes de leurs parents.

Mais ils ne la porteront que s'ils sont pauvres.

S'ils sont nés parmi les privilégiés de la fortune, on ne leur demandera point compte des écoles par lesquelles leurs parents les auront fait passer. Ils pourront être officiers, aspirer à tout, voire même à être ministres et à gérer les finances de la France.

Mais s'ils sont pauvres, s'ils ne peuvent faire les frais de la pension que l'État exige des élèves de ses écoles militaires, oh! alors, ils seront sévèrement écartés.

Et dans cette conception nouvelle, qui est un outrage également criant aux principes du parti démocratique et aux principes de la liberté de pensée, on exploitera leur misère contre leur liberté, et on fera de la liberté le privilége de la richesse.

Messieurs, nous sommes prêts à faire tout ce qui sera nécessaire pour défendre contre tous les périls la liberté de conscience — mais nous pensons qu'à l'heure où nous parlons, les périls que peuvent lui faire courir les visées temporelles de l'Église catholique ne sont pas les seuls contre lesquels nous ayons à nous garer, et nous élevons sans hésiter notre voix contre les excès semblables à ceux que je viens de rappeler.

Et qu'est donc devenu dans cette politique d'idée fixe, ce qui fait en réalité le fond de la politique démocratique?

Qu'est-ce que la démocratie a gagné à cette association imprévue de la haute finance cosmopolite et du collectivisme révolutionnaire?

Est-ce qu'il n'est pas manifeste que, sans parler des surprises que peut réserver au pays une politique équivoque dont on peut encore se demander, après trois ans d'exercice, si elle prépare un lendemain conservateur ou un lendemain révolutionnaire — est-ce qu'il n'est pas manifeste, pour ne parler que de ce qui s'est passé hier, que tout le programme démocratique du parti radical a sombré dans cette étrange association?

Deux questions dominaient les préoccupations il y a quatre ans, deux questions avaient été posées devant le suffrage universel :

C'était celle d'une réforme de l'impôt tendant à une répartition plus démocratique des charges, et c'était celle des retraites ouvrières.

Et si la première suscitait encore des hésitations et des difficultés dont quelques franches explications eussent pu triompher, je le crois pour ma part, du moins la seconde offrait un terrain où il semble que toutes les bonnes volontés pussent se rencontrer pour assurer un résultat de progrès social et en même temps d'apaisement social.

L'une et l'autre réforme ont été hypocritement écartées, on a inscrit l'une et l'autre au programme de Toulouse ; mais ce n'était là qu'un des actes de la comédie politique.

Tandis qu'on disait à la démocratie : Nous avons inscrit la réforme de l'impôt dans notre programme ministériel ; on disait à la finance cosmopolite : Rassurez-vous, c'est pour la forme ; tant que nous serons là, il n'en sera pas question.

Et pour ce qui est des retraites ouvrières, on a pris une précaution plus efficace encore. Contre une œuvre sociale qui exigerait un effort financier considérable et toujours difficile, même dans une situation prospère, on a pris la plus certaine de toutes les garanties, la garantie du déficit.

Ainsi, messieurs, le prétexte de la défense républicaine n'a pas été seulement un procédé pour écarter les revendications nationales, ce fut un procédé également efficace pour écarter tous les problèmes délicats que comporte l'œuvre du progrès démocratique

Et ainsi se poursuit par l'alliance des opportunistes et des collectivistes, l'éternelle duperie dont la démocratie est la première victime.

Les meneurs politiques du collectivisme dégagent leur responsabilité, en inscrivant sur leur bannière les grandes devises irréalisables : la Révolution sociale, et la société collectiviste ; et tranquillement abrités derrière ces mots magiques, prenant d'un cœur léger la responsabilité de répandre des chimères, assurés d'être trop loin de la réalité pour qu'elle les mette jamais en demeure de préciser leurs idées et de prendre leur responsabilité, ils se dispensent tranquillement de participer à l'œuvre de chaque jour, de surmonter les difficultés qui arrêtent les modestes efforts qui peuvent assurer l'évolution progressive et les étapes journalières de l'idée démocratique.

Et ce n'est pas tout.

Lorsque s'est constitué le ministère actuel, les collectivistes ont dit à leurs adhérents : la formule de la vie sociale, c'est la lutte des classes.

Or, dans la lutte des classes, il y a quelque chose qui importe autant et plus que la réalisation des réformes.

C'est l'exercice du pouvoir.

Nous avons délégué l'un des nôtres pour nous représenter au gouvernement, et vous verrez quel bénéfice en retirera le prolétariat dans sa lutte contre le patronat.

Eh bien, est-ce qu'il est vrai que, même dans cette conception violente et haineuse des relations sociales qui est celle des collectivistes, est-ce qu'il est vrai que le prolétariat ait retiré quelque bénéfice de la période que nous venons de traverser et de la présence au gouvernement d'un ministre collectiviste ?

Je vois bien que la présence au ministère de M. Millerand a suscité les grèves sur tous les points du territoire, je vois bien que la période que nous venons de traverser a été la plus féconde en grèves violentes, agitées, prolongées, à laquelle nous ayons assisté depuis longtemps, je vois bien ce que la paix sociale y a perdu, je ne vois pas ce que le prolétariat y a gagné.

S'il y a rarement eu une succession de grèves plus répétées et plus troublantes, il y en a rarement eu de plus stériles pour les revendications ouvrières que celles du Creusot, de Montceau-les-Mines ou de Marseille.

L'équivoque à double face du ministère actuel est apparue aussi nettement sur ce terrain-là que sur tous les autres parce que tandis que M. Millerand était là pour faire éclore les grèves M. Waldeck-Rousseau était à côté de lui pour les faire avorter.

Messieurs, j'ai terminé, mais il faudra bien en terminant que j'en revienne à ce que je disais au début.

Tous les gouvernements ont commis des fautes et des erreurs ; mais jamais la France n'a senti peser sur sa vie nationale la menace qu'elle sent aujourd'hui.

C'est cela qui nous a décidés à prendre les initiatives que nous avons prises et à vous adresser l'appel que nous vous adressons.

Nous n'attendons rien des coups de théâtre de la violence ; nous attendons tout du suffrage universel, nous lui demandons d'user des armes que la République a mises entre ses mains pour la défense de tout ce qui est menacé par les adversaires que nous combattons : la Paix sociale, la Liberté et la Patrie.

BUT ET PROGRAMME
de la Patrie Française.

La Ligue de la **Patrie Française**, fondée le 4 janvier 1899, a pour objet :

1° De maintenir et de fortifier l'amour de la patrie et de l'armée nationale ;

2° D'éclairer l'opinion sur les grands intérêts du pays ;

3° De surveiller et de combattre les ingérences et les propagandes de l'étranger ;

4° De revendiquer les libertés qui sont de l'essence même du régime républicain, en particulier la liberté d'association et la liberté d'enseignement ;

5° D'organiser le suffrage universel en vue d'une République honnête et ouverte à tous.

L'ensemble de ces idées forme ce que nous appelons une politique *nationale*, par opposition à la politique de *parti*. Tandis que la politique de parti a seulement pour objet l'accaparement des pouvoirs publics par un groupe ou par une secte, l'unique but de la *politique nationale* doit être l'intérêt général.

Soutenir cette politique nationale, c'est faire son devoir de citoyen. Il faut que tous les bons Français se pénètrent de cette vérité si simple : le devoir civique est un devoir aussi impérieux et aussi sacré que les autres devoirs de l'homme. C'est un devoir pour chacun de s'occuper des affaires du pays. C'est un devoir d'exercer tous ses droits politiques, et surtout le droit de vote. C'est un devoir de protester, par les moyens légaux, contre les abus du pouvoir, l'injustice publique, les atteintes à la liberté. Il n'y va pas seulement de notre propre intérêt, mais de l'intérêt de nos enfants, de notre famille, de toute la communauté dont nous faisons partie. Si ce devoir n'avait pas été négligé, depuis quinze ans, par tant d'honnêtes citoyens, la France ne serait pas dans l'état de trouble et de division où les meilleurs républicains reconnaissent qu'elle se trouve aujourd'hui.

La **Ligue de la Patrie Française** se propose précisément de rappeler à tous ce devoir et de leur en faciliter l'accomplissement.

Nos moyens d'action n'ont rien d'occulte, ni de suspect. Ce sont des voyages pour la formation de comités ; des conférences dans les localités, chaque jour plus nombreuses, qui réclament un orateur ; et la diffusion, à un très grand nombre d'exemplaires, de brochures patriotiques, et de circulaires lancées à propos pour éclairer l'opinion sur tous les événements qui intéressent la vie nationale.

Le Bureau politique de la **PATRIE FRAN-ÇAISE** est à Paris, 30, rue de Grammont.

Le siège des **ANNALES DE LA PATRIE FRANÇAISE** est à Paris, 196, rue de Rivoli.

La permanence des Dames de la **PATRIE FRANÇAISE** et le bureau des Comités de Paris et de la Seine sont à Paris, 15, rue d'Argenteuil.

Paris. — Soc. anon. de l'Imprimerie des Arts et Manufactures, 8, — 35-2.

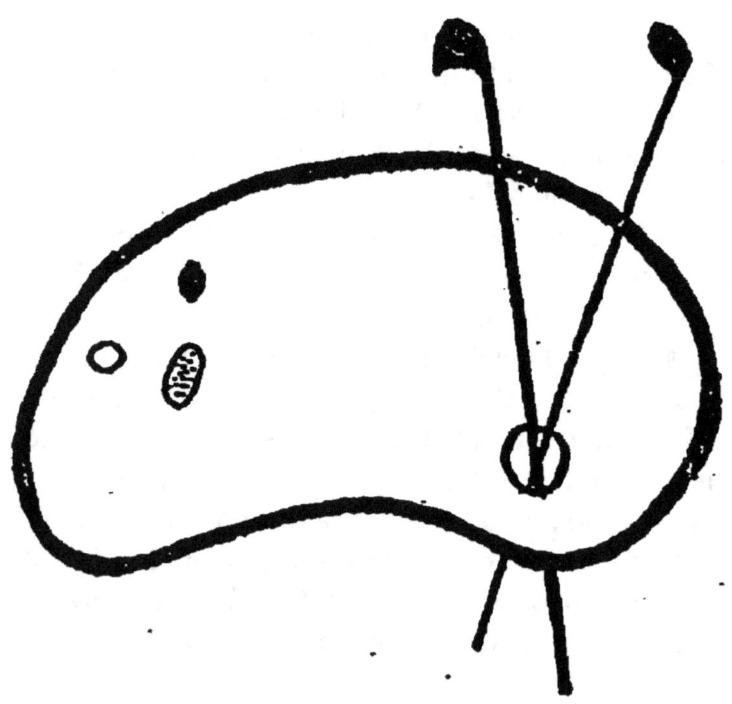

DEBUT D'UNE SERIE DE DOCUMENTS
EN COULEUR

LA PATRIE FRANÇAISE

BULLETIN

Je soussigné (1) ....

demeurant à ....

déclare vouloir contribuer à l'œuvre de « la Patrie Française » à titre de (2) ....

et je m'engage à verser la contribution annuelle de .... *aux Bureaux de*

« la Patrie Française » (3), 15, rue d'Argenteuil, Paris (1er Arrondissement).

Signature

1. Écrire lisiblement, le nom, le prénom et la profession.
   2. *a)* Bienfaiteur, 1 franc et au-dessus, contribution annuelle.
     b) Donateur, 20 francs, contribution rachetée.
     c) Donateur Bienfaiteur, 50 francs.
     d) Donateur principal (100 francs et au-dessus, une fois donné).
3. Prière d'envoyer la contribution en Mandat ou Bon de poste, aux bureaux de « la Patrie Française ».
15, rue d'Argenteuil (1er arrond'), Paris.
   Des bulletins seront adressés à toutes les personnes qui voudront bien en faire la demande au Secrétariat de
« la Patrie Française », 15, rue d'Argenteuil, Paris (1er arrond').

ANNALES
DE LA
PATRIE FRANÇAISE
Organe Officiel de la PATRIE FRANÇAISE

BULLETIN D'ABONNEMENT[1]

Veuillez m'abonner pour UN AN aux **Annales de la Patrie Française**,
à partir du (2) ———————————————————— *jusqu'au* ———————————————— *190* .
Ci-joint en un mandat-poste, la somme de **SIX FRANCS**, *montant de mon abonnement.*
Je vous prie de faire recouvrer par la poste le prix de mon abonnement avec **0** *fr.* **50** *en*
plus pour les frais de recouvrement (3).

A ———————————, *le* ———————————————— *190*

Signature :

Adresse : (Prière d'écrire très lisiblement) ————————————————————————————————

——

(1) Découper le présent bulletin et l'adresser avec tout mandat ou bon de poste à **M. Gabriel Syveton**, administrateur délégué, **196, rue de Rivoli, Paris** (1er arrond¹).
(2) Les abonnements partent du 1er et du 15 de chaque mois.
(3) Rayer l'une ou l'autre des deux dernières formules suivant le cas.

LA PATRIE FRANÇAISE

On peut se procurer, aux bureaux de LA PATRIE
FRANÇAISE, 15, rue d'Argenteuil, à Paris, les publica-
tions de *La Patrie Française*.

1° La Patrie Française, par J. Lemaitre.

2° L'Avenir de la Patrie Française, par Marcel
Dubois, avec une allocution de François Coppée.

3° La Terre et les Morts, par Maurice Barrès.

4° La Nation et l'Armée, par F. Brunetière.

5° Où sont les Intellectuels, par R. Doumic, avec
une allocution du général Mercier.

6° L'Œuvre de la Patrie Française, discours-pro-
gramme, par Jules Lemaitre.

7° L'Alsace et la Lorraine, par Maurice Barrès.

8° L'Esprit de Secte, par R. Doumic, avec une allocution de J. Lemaitre.

9° Parlementaire et Plébiscitaire, par Georges
Thiébaud.

10° L'Action républicaine et sociale de la Patrie
Française, par Jules Lemaitre.

11° L'Alliance russe et l'Armée française, par
Albert Vandal, allocutions de François Coppée et de
Jules Lemaitre.

Ces brochures sont envoyées *franco* pour la propagande
à toute personne qui en fait la demande, à raison de
2 francs le cent.

L'Almanach de la Patrie Française pour 1900, 1901, 1902, chaque année.	0 fr. 50
Le Manuel du bon Citoyen...............	0 fr. 15
50 exemplaires franco à domicile......	6 fr. »
100 exemplaires —	10 fr. »
500 exemplaires —	40 fr. »
1000 exemplaires —	70 fr. »

Les adhésions et les souscriptions de LA PATRIE FRANÇAISE
sont reçues à Paris, 15, rue d'Argenteuil.

OUVRAGES DE COPIN-ALBANCELLI
En vente : 46, Rue de l'Échiquier, 46, PARIS

	le Cent	le Mille
Conversation de Trimard et Boudineau sur la F∴ Maçonnerie, 0,10.........	9 fr. »	80 fr. »
La Franc-Maçonnerie Juive (feuille double).	2 »	18 »
Le Socialisme (feuille simple)...........	1 50	10 »
La Défense Républicaine (feuille simple).	1 50	10 »
L'Union Française Antimaçonnique....	» 50	10 »